ADRESSE

A

L'ASSEMBLÉE NATIONALE,

DES CITOYENS DE COULEUR,

RÉUNIS A PARIS,

Sous le titre de COLONS AMÉRICAINS, *&c. &c. du 5 Juillet 1790.*

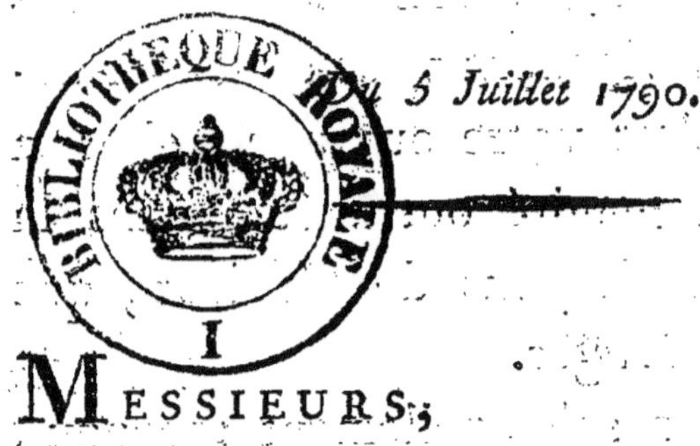

MESSIEURS,

Tandis que la nation applaudit à vos décrets, et qu'elle goûte les premiers fruits de l'heureuse révolution qu'elle doit à vos travaux ; tandis que, des extrémités du royaume, on vient porter à votre assemblée l'expression de la joie et de la reconnoissance ; seuls, de tous les

A

François, les citoyens de Couleur ne s'y présentent que pour faire entendre leurs plaintes, et réclamer votre justice contre un nouveau genre de vexation.

Ce n'est plus de leur sort, de l'état civil de leurs freres, qu'il s'agit en ce moment ; un de vos plus sages décrets a su concilier les droits de l'homme, les égards et les ménagemens qu'exigeoient les circonstances ; c'est une infraction à vos décrets qu'ils viennent vous dénoncer aujourd'hui ; c'est votre ouvrage, c'est la cause de l'humanité outragée, dans la personne des citoyens de Couleur, que vous avez à venger.

Vous l'avez solemnellement reconnu, Messieurs, dans la déclaration des droits de l'homme : on y lit en caractères ineffaçables, « la liberté consiste à faire tout » ce qui ne nuit pas à autrui ; ainsi, » l'exercice des droits naturels de chaque » homme, n'a de bornes que celles qui » assurent aux autres hommes la jouis- » sance de ces mêmes droits : ces bornes

» ne peuvent être déterminées que par
» la loi. La loi n'a le droit de défendre
» que les actions nuisibles à la société :
» TOUT CE QUI N'EST PAS DÉFENDU
» PAR LA LOI, NE PEUT ÊTRE EM-
» PÊCHÉ ».

Plus loin, vous avez déclaré que
» nul homme ne peut être accusé,
» arrêté, ni détenu, que dans les cas
» déterminés par la loi, et selon les for-
» mes qu'elle a prescrites ; *que ceux qui*
» *sollicitent, expédient, exécutent ou font*
» *exécuter des ordres arbitraires, doivent*
» *être punis* ».

Hé bien, MESSIEURS, ces maximes
éternelles, gravées dans le cœur de
l'homme, long-temps avant de l'avoir
été dans les fastes des empires, ces
maximes ont été méconnues et violées
par les Colons blancs, au préjudice des
citoyens de Couleur.

A la loi, qui seule peut fixer les limites
de la liberté de l'homme, ils ont substi-
tué leurs caprices, leurs passions. Ils ont

prétendu que là devoient se borner les droits des citoyens de Couleur, où leur amour propre, et leur intérêt personnel leur paroissoient compromis.

Vous n'avez pas perdu de vue la résistance, les difficultés que les citoyens de Couleur ont dû combattre, lorsqu'il s'est agi de prononcer sur leur sort. Dans ces momens, où leurs relations avec leurs frères, domiciliés dans les colonies, leur étoient devenues si indispensables, des menées sourdes et criminelles avoient intercepté toute communication avec leur patrie ; trois mois s'étoient écoulés, sans qu'ils eussent reçu aucune lettre de Saint-Domingue.

Les citoyens de couleur n'ignoroient pas d'où partoient tous ces coups ; mais, dénués de preuves légales, ils étoient réduits au silence, et forcés de suppléer, en redoublant de zèle et d'efforts, aux moyens de défense qu'ils auroient trouvé auprès de leurs concitoyens.

Une circonstance particulière a mis

leurs adversaires à découvert ; elle a fait enfin pénétrer les moyens repréhensibles qu'ils emploient pour parvenir à leur but.

Au mois de décembre 1789, c'est-à-dire , postérieurement à la déclaration des droits, à l'acceptation solemnelle de sa majesté ; dans un moment où, comme *hommes*, comme *François*, comme *citoyens*, et plus particulièrement comme *députés, pour vous déférer les plaintes et les réclamations d'une classe trop long-temps opprimée* ; les citoyens de couleur étoient sous la protection spéciale, sous la sauve-garde de la loi : l'un d'entr'eux, le nommé *Soubise*, que des affaires importantes appeloient dans la colonie, se rendit à Nantes, et demanda à s'embarquer sur un navire, prêt à faire voile vers le Nouveau-Monde.

Le croirez-vous, Messieurs ? *Soubise* étoit muni de tous les passe-ports, de toutes les attestations nécessaires. Néanmoins il fut cruellement repoussé : on opposa à ses instances des prétendus ordres supérieurs, qui défendoient de recevoir à bord les personnes de sa classe.

Le sieur *Soubise* revint à Paris. Il rendit compte à ses concitoyens des obstacles qu'il venoit d'éprouver ; il les pria de se joindre à lui pour les faire cesser.

Ce n'étoit pas seulement à Nantes qu'il avoit été donné des ordres pareils à ceux dont se plaignoit le sieur *Soubise* ; plusieurs lettres écrites du Havre, de Bordeaux, etc...., annoncèrent par-tout les mêmes ordres, les mêmes exactions.

Il étoit important de remonter à la source, et de faire réprimer des entreprises aussi contraires à l'esprit de la loi. Les citoyens de Couleur s'adressèrent au ministre de la marine. Ils le supplièrent de leur faire connoître les auteurs, ainsi que les motifs qui avoient pu déterminer les ordres qu'on opposoit à leur passage dans les colonies.

Le 29 décembre 1789, ils reçurent une réponse conçue en ces termes :

« Je suis fâché, Messieurs, de ne » m'être pas trouvé chez moi lorsque » vous avez pris la peine d'y passer.

» Je n'ai donné aucun ordre dans les
» ports, de refuser le passage aux noirs,
» que l'on voudroit renvoyer ou recon-
» duire dans les colonies ; à plus forte
» raison, n'ai-je rien prescrit relative-
» ment aux citoyens de Couleur ; mais
» j'ai appris *que les armateurs de différens*
» *ports s'y étoient refusés de leur propre*
» *mouvement, ou au moins d'après le vœu*
» *des Colons, et je n'ai pas cru que l'au-*
» *torité pût, ni dût les y contraindre* ».
J'ai l'honneur d'être, etc.

Signé, LA LUZERNE.

Ce n'étoit pas assez pour les citoyens
de Couleur, d'être convaincus qu'il
n'existoit point d'ordres émanés du gouvernement, et conséquemment de leur
illégalité, s'il en existoit d'ailleurs : les
obstacles qu'ils éprouvoient n'étoient pas
moins réels ; il falloit, pour les lever,
faire intervenir la force et l'autorité de
la loi.

Ce fut l'objet d'une seconde lettre à

M. de la Luzerne (1), à laquelle ce ministre fit la réponse suivante.

____

(1) *Lettre des Colons Américains à M. le Comte de la Luzerne.*

M. LE COMTE,

Nous voyons, par votre lettre , en réponse à celle que nous avions eu l'honneur de vous adresser, que les droits de l'homme et du citoyen sont aussi peu respectés en France par les Colons blancs , que dans les isles et colonies françoises. Ce nouveau genre de vexations de leur part ne nous étonne pas.

Mais nous ne pouvons vous dissimuler que nous avons vu, avec la plus grande peine, le parti que vous paroissez avoir pris. Vous êtes instruit « que les armateurs de différens ports » se sont refusés, de leur propre mouvement, » ou au moins d'après le vœu des Colons blancs, » au départ des citoyens de Couleur ; et cepen- » dant vous n'avez pas cru que l'autorité pût » ni dût les y contraindre ».

Nous croyons, au contraire, et nous avons le courage de vous le dire, que l'autorité pou- voit, qu'elle devoit même déployer toutes ses forces pour repousser les entreprises des Colons blancs, et assurer aux citoyens de Couleur, le

» Lorsque plusieurs Colons blancs ont
» cru, Messieurs, qu'il étoit prudent de
» de s'opposer au retour dans les colonies

---

libre exercice des droits que la nature leur a
donnés, que l'assemblée nationale a consacrés,
et que le Roi des François a solemnellement
reconnus. La neutralité à laquelle, dans cette
circonstance, l'autorité paroît se vouer, est une
véritable déclaration en faveur des Colons,
contre les citoyens de Couleur. Tolérer la résistance des Armateurs, ou celle des Colons,
c'est incontestablement la permettre; c'est forcer les citoyens de Couleur, qui sont sans
protection, sans appui, sans secours, à rester
en France, lorsque leurs affaires, où leur santé,
les appellent dans les colonies.

Nous vous supplions, M. le Comte, de peser
ces différentes considérations, et même, si
vous le jugez convenable, de les mettre sous
les yeux du roi : elles intéresseront sa bonté
paternelle ; elles détermineront sa justice ; elles
assureront, à l'instant même de sa proclamation,
l'exécution de la déclaration des droits de
l'homme et du citoyen.

Nous aurions pu la réclamer auprès de l'assemblée nationale, mais nous nous ferons toujours un devoir, même lorsque nous aurons à
nous plaindre, (et vous savez, Monsieur le
Comte, que c'est notre état habituel), d'épuiser
les démarches, les procédés, les égards, et

» des hommes de Couleur, esclaves ou
» libres , et qu'ils ont sollicité le gou-
» vernement d'interposer à cet effet son
» autorité, il a refusé d'accueillir leur
» demande.

» Il paroît que les Colons blancs se
» sont alors concertés avec quelques ar-
» mateurs des ports du royaume, et que
» ceux-ci n'admettent plus aucune per-
» sonne de sang mêlé dans leurs navires.

» Le pouvoir exécutif, qui doit être
» impartial, ne peut, sur la sollicitation
» des citoyens de Couleur, enjoindre aux
» armateurs de leur donner passage, sans
» attenter aux droits et à la propriété de
» ces derniers, qui sont absolument maî-
» tres de disposer à leur gré de leurs

---

même les moyens de conciliation , avant de
recourir à l'autorité du corps législatif.

Signés, les Commissaires et Députés des citoyens de Couleur.

N. B. Les originaux de ces lettres sont entre les mains de
M. de Joly , avocat aux conseils.

» bâtimens, et d'y embarquer ou de n'y
» pas recevoir qui bon leur semble.

» Le gouvernement auroit à craindre
» qu'on ne le rendît responsable des suites
» réelles ou supposées de l'ordre que vous
» lui demandez.

» Il convient donc, ou que vous en-
» gagiez de gré à gré des armateurs à
» recevoir sur leurs navires les citoyens
» de Couleur, ou que vous obteniez de
» l'assemblée nationale un changement
» dans les loix maritimes, maintenant
» existantes ».

J'ai l'honneur d'être, etc.

Signé, LA LUZERNE.

Que faire ? Quel parti prendre dans cette position délicate ?

Sans doute les citoyens de Couleur auroient pu vous dénoncer tout à la fois, et les vexations qu'on se permettoit contre eux, et le refus du gouvernement de venir à leur secours.

Mais, depuis long-temps accoutumés aux sacrifices, ils crurent devoir en faire un dernier, et donner à ce prix de nouvelles preuves de leur dévouement et de leur soumission.

Ils comptoient, d'ailleurs, sur le moyen que leur indiquoit la lettre du ministre, *celui de traiter de gré à gré avec un armateur qui voulût les recevoir sur son bord.*

Ces faits se passoient dans les premiers jours du mois de janvier 1790.

Le 28 mars suivant, vous avez prononcé, Messieurs, sur les réclamations des citoyens de Couleur ; vous avez irrévocablement fixé leur état civil.

Plusieurs d'entr'eux, que leurs affaires particulières appelloient depuis long-temps dans les colonies, mais qui avoient fait taire leurs intérêts particuliers, lorsqu'il s'étoit agi de défendre, de réclamer les droits de leurs frères, se sont alors disposés à revenir dans leur patrie : ils ont traité avec un armateur, qui s'est engagé à les passer à St. Domingue.

Le traité est souscrit depuis près de deux mois ; le navire est prêt à mettre à la voile ; et cependant, Messieurs , l'armateur et les voyageurs sont également arrêtés ; deux lettres, écrites du Havre, qui seront jointes au mémoire , leur annoncent que M. Mistral , intendant de la marine, prétend avoir des ordres pour s'opposer à l'embarquement et au départ.

Les citoyens de Couleur ont dénoncé ces nouveaux obstacles au gouvernement; ils ont sollicité sa justice , réclamé son autorité; ils ont mis en opposition ce qui se passoit , les refus du sieur Mistral , avec ce que M. DE LA LUZERNE leur avoit écrit le premier janvier dernier ; c'est-à-dire, *avec l'avis que le ministre leur avoit donné , de traiter de gré à gré avec un armateur.* Mais deux lettres écrites à ce sujet , au ministre de la marine, sont restées sans réponse ; et leurs sollicitations réitérées auprès de lui n'ont produit aucun effet.

Ainsi, quand le cri de la liberté se fait entendre dans tout le royaume ; quand les bras de tous les François sont armés pour la défendre ; seuls étrangers à vos bienfaits, seuls privés des avantages de la révolution, les citoyens de Couleur sont arrêtés dans l'exercice du premier, du plus sacré de tous les droits, d'un droit que tout homme reçoit avec la vie, celui d'errer à sa volonté sur la surface du globe.

Et le gouvernement, instruit, témoin de ces attentats, les voit d'un œil indif-férent ! il refuse de protéger, de forcer l'exécution de la loi ! il reste neutre entre le puissant qui opprime, et l'infortuné qui réclame inutilement son secours et son autorité !

Les citoyens de Couleur ne cherche-ront pas à pénétrer les motifs de cette inaction ; ce n'est plus sans doute le pré-texte allégué par le ministre de la marine, dans sa lettre du premier janvier 1790.

« Le pouvoir exécutif, disoit-il alors, » qui doit être impartial, ne peut, sur » la sollicitation des citoyens de Cou- » leur, enjoindre aux armateurs de leur

» donner passage , sans attenter aux
» droits et à la propriété de ces derniers,
» qui sont absolument maîtres de dispo-
» ser à leur gré de leurs bâtimens, et d'y
» embarquer ou de n'y pas recevoir qui
» bon leur semble ».

Cette objection, si elle en fut une dans aucun temps sous le règne de la liberté, disparoît entièrement aujourd'hui. Ce n'est plus de la part des armateurs que les citoyens de Couleur éprouvent de la résistance. Celui avec lequel ils ont traité, s'est engagé à les passer à St. Domingue. Il les presse même d'exécuter leurs conventions ; il réclame , par leur bouche , contre les ordres *arbitraires et mystérieux* qui le retiennent au port.

Ainsi, victimes d'un pouvoir qui craint évidemment de se montrer ; repoussés par le gouvernement qui refuse d'écouter leurs plaintes , les citoyens de Couleur ne peuvent recourir qu'à l'assemblée lé-gislative : elle seule a le droit de juger tout à la fois les infracteurs et les dépo-sitaires de la loi.

Oui, Messieurs, c'est à vous à prononcer ; c'est à vous à déclarer si le pouvoir exécutif doit se taire et rester inactif, lorsque la loi est méconnue, lorsque ses agents se permettent de la violer ouvertement ; c'est à vous, c'est à votre justice à décider si les Colons blancs, qui, dans un temps, ont mis en problême, *si les citoyens de Couleur devoient être comptés au rang des hommes*, ont encore le droit de les vexer impunément, de leur interdire ce que la loi leur permet, d'attenter à leurs personnes, à leurs propriétés, de les retenir dans le royaume, de régler à leur gré les actes les plus indifférens de leur vie ; ou plutôt, Messieurs, c'est à vous à prononcer s'il existera toujours une distinction humiliante et barbare entre les blancs et les citoyens de Couleur.

Signés, HONORÉ,   ST. ALBERT,
AZA COLOMBA,   FLEURY,
COLOM,   ROLAND AUDIQ,
BAPTISTE LANON,   F. DU SOUCHET,
P. DU SOUCHET,   P. MORCEL,
P. POÏZAT.